I0194834

FACULTÉ DE DROIT DE PARIS.

THÈSE

POUR LA LICENCE.

L'acte public sur les matières ci-après sera soutenu,

le jeudi 23 août 1855, à midi,

Par A. BRESSON.

Président, M. ORTOLAN, Professeur.

Suffragants :
- MM. DURANTON, — Professeurs.
- MACHELARD,
- DUVERGER, — Suppléants.
- RATAUD,

Le candidat répondra en outre aux questions qui lui seront faites sur les autres matières de l'enseignement.

PARIS

VINCHON ET CHARLES DE MOURGUES,
Imprimeurs de la Faculté de Droit,
RUE J.-J. ROUSSEAU, 8.

1855

JUS ROMANUM.

DE EVICTIONIBUS ET DUPLÆ STIPULATIONE.
DE EXCEPTIONE REI VENDITÆ.
(Dig., l. xxi, t. 2, 3.)

Evincere est legitimo certamine vincere; id est, cognitione judicis, et non vincere tantum, sed etiam rem abducere, rem vincendo auferre illi qui justa causa possidebat. Antiquæ leges cautionem pro evictione, auctoritatem vocabant : « *Actio pro evictione*, ait Venulejus, L. 76, De eviction. » « *Auctoritatem* præstabant, *auctores* erant qui hac cautione tenebantur. » Et Paulus in sententiis (2, 17, ex empt. et vendit., § 1) : » Venditor si ejus rei quam vendiderit dominus non sit, pretio accepto, *auctoritati* manebit obnoxius. Et sic vetus nomen Duodecim-Tabularum, *usus auctoritas* enodatur; etenim tantummodo denotat auctoritatem, cautionem, securitatem usu et possessione præstatas.

Emptor regressum habet si res evincatur, attamen debet litem denuntiare, vel auctorem laudare et sive pars, sive totus fundus evincatur, tenetur venditor. Ac si quidem pro indiviso pars evincatur, pro quantitate ejus pretii tenetur : si certa pars, pro bonitate loci evicti fit æstimatio.

Tempore quo obligatio consensu non accepta erat, stipulationes subveniebant : ideo ut venditor stipulatione obligatus præstet rem licere habere. Et ita stipulari solebat : « Mihi he-
« redique meo eum hominem quem de te emi, habere recte li-
« cere, nec evinci eum hominem mihi heredive meo, partemve
« ejus, si is homo a me heredeve meo petatur, tamen de ea re
« agenda adesse et eam rem recte defendere, ut denuntiatum
« tibi erit, aut si ita factum non erit, quanti ea res erit, duplum
« præstari dolumque malum abesse, adfuturum esse spondes-
« ne ? » Hoc erat communis et vulgaris usus ut emptor a venditore cautione *duplæ* prospicere soleret et Tullius (De officiis, lib. 3) hanc positam fuisse consuetudinem Duodecim-Tabulis ita demonstrat : « si emptor inficiatus esset, duplæ pœnam
« subiret. »

Quia dicitur, quotiens plures res in stipulationem deducuntur, plures esse stipulationes, an et in duplæ stipulatione hoc idem sit, videamus (puta quum quis stipulatur fugitivum non esse, erronem non esse), utrum una stipulatio sit, an plures ? Et ratio facit ut plures sint.

Emptori duplum promitti a venditore oportet, nisi aliud convenit : non tamen ut satisdetur, nisi specialiter id actum proponitur, sed ut repromittatur. Censet Cujacius venditorem posse, loco hujus stipulationis cavere pignoribus evictionis-venditionis.

Notandum est hanc stipulationem ad emptionis-venditionis contractus pertinere eosve qui emptionem redolent. Sed quamvis ad cæteros contractus regulariter non pertineat, tamen si convenerit, utiliter interponetur. Duplam promitti oportet de his rebus tantum quæ pretiosiores sunt. Et rebus pretiosis annumerantur servi. Hæc stipulatio demum committitur quum res evincitur, et scimus quando res evicta sit. Ut stipulatio evictionis committatur, hæc circa evictionem concurrere oportet : ut ex ea causa proficiscatur, quam non exceperit venditor, ut ex ea causa contingat, quæ non emerserit demum post contractum; unde sequitur oportere : ut jure facta sit, ut citra culpam emptoris contigerit. Nam injuria judicis, aut culpa emptoris per quam res evinceretur, esset casus post contractum demum emergens.

Stipulationem de evictione non committit illa evictio quæ fieret ex causa post contractum contingente; nam omne periculum post contractum, emptorem spectat (lib. 18, tit. 6, de periculo et comm. rei vend.). Excipe modo non ab ipso venditore causa evictionis proficiscatur qui rem quam tibi vendidit, postea ipse (ante traditionem) alienasset alteri vel obligasset. Evictio quæ contingit ex facto aut culpa emptoris stipulationem non committit et videtur culpa emptoris contingere evictio, quoties potuit illam defugere.

Ut evicta res stipulationem evictionis committat, oportet emptorem controversiam, quæ super re empta ipsi facta est, venditori denuntiavisse, hæc autem denuntiatio facienda est, sive tota res evincatur, sive pars. Sed et si ab emptore ususfructus petatur, proinde is venditori denuntiare debet, atque is a quo pars petitur. Stipulatio committitur quum res de cujus evictione promissum est, evincitur. Nec refert corporalis fuerit an incorporalis, ut puta jus servitutis : igitur si quis per fundum, quem cum alio communem haberet, quasi solus dominus ejus esset, jus eundi, agendi mihi vendiderit et cesserit, tenebitur mihi evictionis nomine, cæteris non cedentibus. Nec interest an tota res evincatur an ejus pars. Etiam committitur stipulatio evictionis, non solum quum ipsi emptori res evincitur, sed et quum evincitur successori cui rem non evinci interest emptoris.

Hæc actio competit soli stipulatori, ejusque successoribus universalibus ; non vero successori singulari , nisi ei cessa sit. Et commissa stipulatione evictionis, actio datur adversus eum qui de evictione spopondit. In hac actione venit dupla pretii quæ promissa est. Hoc autem non augetur minuiturve ex eo quod rei venditæ post contractum et ante evictionem accesserat aut decesserat. Denique extinguitur obligatio , quum res desinit posse evinci emptori , heredive ejus, aut alteri successori cui emptor sit ipse de evictione obligatus : hinc si servus venditus decesserit antequam evincatur stipulatio non committitur ; quia nemo eum evincit , sed fatum humanæ sortis. De dolo tamen poterit agi, si dolus intercesserit.

DE EXCEPTIONE REI VENDITÆ ET TRADITÆ.

Exceptio rei venditæ et traditæ comparata est venditori fundi alieni qui suum factum postea petat, successoribus ejus et emptori secundo , etiam domino fundi qui factus est heres venditoris ; denique ei qui per procuratorem vendidit, nisi probetur illum mandasse ne traderetur antequam pretium solvatur.

Cum res mea vendita fuerit minoris quam ipse mandavi , vendita non videtur et mihi etiam petenti non obstat exceptio. Si servus peculiariter emerit testamento manumissus, exceptio in factum locum habebit, quia is tunc servus fuisset cum contraxisset. Nam ad exceptionem in factum ut ad actionem decurritur , quoties jure civili actio vel exceptio deficit quæ et utilis appellatur, quæ directo non datur ex verbis et sententia juris.

Si emptor rem sibi non traditæ possessionem sine vitio nactus fuerit (id est non vi aut clam), exceptionem contra venditorem habebit : nisi forte venditor justam causam habeat cur rem vindicet : quippe si justa causa subsit, et postea traditionem vindicat et exceptioni replicationem opponat, justam autem causam habet si convenerit ut a contractu recederetur, vel viginti quinque annis minor fuerit venditor aut circumscriptus sit. Exceptio rei venditæ adversus venditorem competit. Et quidem jure veteri erat utilis, si venditor rem mancipi quam vendiderat, tradidisset citra solemnitates ad transferendum civile dominium requisitas, puta, citra mancipationem, aut in jure cessionem, quum enim hoc casu dominium civile seu Quiritarium penes venditorem maneret, rei vindicatio ei competebat, quæ per hanc exceptionem erat excludenda.

POSITIONES.

I. Hoc Duodecim-Tabularum verbum, *usus auctoritas*, solummodo cautionem, *auctoritatem* evictionis denotat.

II. In lege 22, § 1, de *evictionibus*, si pro evictione fundi, quem emit mulier satis accepisset et eumdem fundum in dotem dedisset; deinde aliquis cum a marito per judicium abstulisset, potest mulier *statim* agere adversus fidejussores emptionis nomine, quia damnum *subito* patitur : hanc sententiam confirmat lex 75, *de jure dotium*.

III. In lege 71, de *evictionibus*, sic non immerito emendat Cujacius : « Interest enim patris filiam dotatam habere , *propter affectionem* et spem quandoque recipiendæ dotis. »

IV. Stipulatio committitur, quum res de cujus evictione promissum est evincitur, nec refert corporalis fuerit an incorporalis.

V. Actio ex empto, bonæ fidei, complectitur actionem ex

stipulatu, stricti juris.; in id, Cujacii sententiam sequi debemus.

VI. Lex 39, § 5, *de evict.*, et lex 7, lib. xix, t. 1, ***non inter se pugnant***.

VII. Lex 1, § 2, *de exceptione rei venditæ et traditæ*, noce, illi qui vindicat rem venditam, si ejus mandatu res vendita fuerit, nisi probetur illum mandasse ne traderetur antequam pretium solvatur; — nec obstat lex 14, *de Publiciana actione* (lib. 6, t. 2).

VIII. Stipulatio quæ ad vitia, vel virtutes servorum attinet, invalida non est.

DROIT FRANÇAIS.

(Code Nap., liv. 3, tit. 6, chap. 1, 2, 3, 4 et 5, art. 1582 à 1657, 1702-1707. — Code de proc., art. 175-186. — Loi du 20 mai 1838 sur les vices rédhibitoires. Loi du 25 juin 1841 sur la vente des marchandises neuves.

DE LA NATURE DE LA VENTE.

La vente a eu l'échange pour origine dans l'enfance des civilisations: *Origo emendi vendendique a permutationibus cœpit; olim non ita erat nummus.* Mais quand l'usage de la monnaie devint général, la vente remplaça l'échange, qui resta un contrat distinct.

La vente était définie, en droit romain : un contrat nommé, du droit des gens, de bonne foi, se formant par le seul consentement « et ne tenant en rien, ni par la dation, ni par les pa-« roles, ni par l'écriture, à la formalité quiritaire de la *mancipatio per æ et libram;* un contrat synallagmatique (*ultro citroque obligatio*), par lequel le vendeur s'obligeait envers l'acheteur à lui *faire avoir* la chose vendue pour un prix certain (Inst., l. 3, tit. 22). Il n'était pas question du transport de la propriété :

hactenus tenetur ut rem emptori habere liceat, non etiam ut ejus faciat. L'acheteur ne devait recevoir que la *vacuam possessionem.* C'est pourquoi Pothier (1), parlant du droit romain et de l'ancienne jurisprudence, s'exprime ainsi : « Le vendeur ne s'o-
« blige pas précisément à transférer la propriété..... il ne s'en-
« gage à transférer à l'acheteur que les droits qu'il a sur la
« chose et par rapport à cette chose..... et l'acheteur, tant
« qu'il n'est pas troublé dans sa possession, quoiqu'on lui ait
« vendu la chose d'autrui, ne peut pas prétendre que le ven-
« deur n'a pas rempli son obligation. » Lorsque, par une clause expresse, le vendeur s'obligeait à rendre l'acquéreur propriétaire, le contrat cessait d'être qualifié vente, il rentrait dans la classe des contrats innomés.

Le Code Napoléon a apporté sur ce point une grande innovation : « *La transmision de la propriété est l'objet de la vente,* » disait M. Faure, orateur du Tribunat. Ce contrat est donc aujourd'hui translatif de propriété. (1582, 1583, 711, 1138, 1599, 1604, 2182, 1662, 1663. — Portalis, au Corps législ. Faure,, rap. au Trib.; Grenier, rapport au nom du Tribunat).

Il faut donc définir la vente : Un contrat consensuel (1583), synallagmatique (1101) et commutatif (1104), par lequel le vendeur s'engage à livrer une chose à l'acheteur et *à l'en rendre propriétaire,* moyennant un prix sérieux et déterminé que l'acheteur s'engage à fournir.

Trois choses sont de son essence : un consentement, une chose, un prix.

Il est à remarquer que la vente a de l'analogie avec certains contrats : la dation en payements, qui est plutôt un moyen d'éteindre une obligation préexistante ; l'échange avec stipulation

---

(1) Traité de la Vente, n° 1.

de soulte, la licitation, quand un étranger se rend adjudicataire.

DE LA FORME DE LA VENTE.

La vente étant un contrat du droit des gens, n'est assujettie à aucune forme extérieure (malgré les termes de l'art. 1582); dès qu'il y a consentement, de quelque façon qu'il soit exprimé, il y a vente parfaite : « L'écriture, disait M. Portalis au Corps « législatif, n'est exigée que *tantum ad probationem*, et la « vente aura tout son effet, si d'ailleurs l'existence en est cer- « taine. » La disposition de l'art. 1582 ne peut donc être considérée comme faisant de l'écriture une condition essentielle; et, ajoute M. Portalis : « La rédaction d'une vente privée en con- « trat public ne peut être réputée essentielle qu'autant qu'il « aurait été déclaré par les parties que jusqu'à cette rédac- « tion leur premier acte demeurerait dans les termes d'un « simple projet. »

DU CONSENTEMENT.

Le contrat de vente n'est valable qu'autant que les parties sont d'accord sur ce qu'elles ont entendu faire; c'est-à-dire, quand elles ont donné leur consentement conformément aux principes généraux établis dans les art. 1109 – 1118. Quand ce consentement sera le résultat du concours de deux volontés, *duorum in idem placitum consensus;* quand ces deux volontés se seront rencontrées et qu'il n'y aura pas eu révocation en temps utile, la vente sera alors parfaite et la propriété transférée, puisqu'il y aura consentement sur la chose et sur le prix, « quoique la chose n'ait pas été livrée » : ce sont les termes de l'art. 1583 qui semble restreindre les effets de ce consentement à l'acheteur et au vendeur, et considérer la vente, à l'égard des tiers, comme *res inter alios acta* (1165). Mais il faut, quant à cette conséquence, distinguer entre l'aliénation des choses corporelles et l'aliénation des choses incorporelles (1689 - 1701), entre la vente des meubles (1141) et la vente des immeubles (2182-939) (loi du 11 brumaire an VIII), la vente des choses déterminées et celle des choses indéterminées (1585- 1588).

Le consentement des parties doit en outre porter sur toutes les conditions particulières au contrat de vente qui va se former.

Des ventes conditionnelles et alternatives. Une vente peut être faite sans condition; elle est, comme les autres contrats, susceptible des modifications que la loi ou la convention des parties peuvent imprimer (1181, 1183, 1189, 2166, 1585-87, 88, 90).

Comme dans tous les contrats synallagmatiques, la condition résolutoire est sous-entendue; mais cette condition et celle qui peut être formellement exprimée produisent des effets différents (1184, 1656, 1183).

On peut ajouter au contrat de vente le pacte commissoire, que les Romains appelaient *lex commissoria*; et d'après lequel la vente est résolue si l'un ou l'autre des contractants commet quelque chose contre la loi du contrat : *ut intra certum tempus pretium solutum non sit, res inempta sit.*

La vente peut aussi être subordonnée à la condition que, dans un délai déterminé, il ne se présentera pas un nouvel acquéreur offrant un prix plus avantageux : c'est l'*in diem addictio* des Romains. Cette condition peut être suspensive ou résolutoire : « *Si quidem hoc actum est, ut, meliore allata conditone,* « *discedatur, erit pura emptio quæ sub conditione resolvitur.* « *Sin autem, hoc actum est ut perficiatur emptio, nisi melior con-* « *ditio afferatur: erit emptio conditionalis* » Ulp., L. 2; *de in diem addictionne.*

Les enchères sont encore une vente, sous la condition qu'un autre n'enchérira pas ou ne fera pas une surenchère.

Ventes au poids, au compte ou à la mesure, et ventes en bloc.

Les marchandises vendues au poids, au compte ou à la mesure (c'est-à-dire sous condition suspensive), ne sont pas aux risques de l'acheteur, jusqu'à ce qu'elles aient été comptées, pesées ou mesurées (1585), car la chose est indéterminée ; on ignore ce qui a été vendu, et par suite ce qui sera payé : *mensura eo perficit ut appareat quantum ematur.* La vente n'est ici parfaite qu'en ce sens que chacune des parties est obligée, le vendeur à faire compter, l'acheteur à recevoir les marchandises et à payer le prix. « Il était important, disait M. Grenier au Corps légis-
« latif, de distinguer le cas où il y a transmission de propriété,
« de ceux où il n'y en a pas, quoiqu'il y ait toujours l'engage-
« ment qui fait le principe de la vente, engagement dont l'exé-
« cution doit être réclamée par l'acheteur. »

Au contraire, la vente des marchandises en bloc (*per aversionem*) est parfaite dès que le consentement est donné (1586) sur le prix et sur l'objet ; rien ne manque à sa perfection (Poth., 309, 310).

Si l'acheteur avait été mis en demeure de procéder au mesurage et de prendre livraison, ce ne serait plus au vendeur à supporter la perte de la chose vendue.

Il est certaines choses qu'on n'est dans l'habitude d'acheter qu'autant qu'elles ont été préalablement goûtées : par exemple, le vin, l'huile, etc. La renonciation à la dégustation n'étant pas dans les usages ordinaires, *difficile est ut quisquam vinum emat ut ne degustet,* dit Ulpien (1), la condition est sous entendue dans les

---

(1) L. 4 § 1, Dig., de peric. rei vend.

ventes de vins, huiles et autres choses semblables. Tant que cette condition n'est pas accomplie, que la marchandise n'a pas été agréée, il n'y a pas vente. Il y a donc une différence entre la vente au poids, à la mesure, et le marché soumis à la condition de dégustation. La première lie les parties ; l'acheteur peut se départir de la seconde : *alia causa est degustandi, alia metiendi, gustus enim ad hoc proficit ut improbare liceat ; mensura vero... ut appareat quantum ematur* (1). La vente faite à l'essai est présumée faite sous une condition suspensive (1588).

M. Grenier disait, dans son discours au Tribunat : « Lorsqu'il
« s'agit de choses que l'on est dans l'usage de goûter avant
« d'en faire l'achat, il n'y a pas de vente tant que l'acheteur ne
« les a pas goûtées et agréées. De même, la vente faite à l'essai
« est toujours présumée faite sous une condition suspensive...,.
« Dans le cas de la vente au goût, comme dans le cas de la vente
« à l'essai, les choses vendues sont aux risques du vendeur, jus-
« qu'à l'événement ou l'accomplissement qui assure l'existence
« de la vente. »

Suivant les circonstances, les termes du contrat et surtout la position de l'acheteur, le sort de la vente dépendra ou non de son propre goût et de l'essai fait par lui personnellement.

Des promesses de vente et des arrhes.

La promesse de vente vaut vente, dit, après l'ancien droit, l'art. 1589, qui a voulu assimiler la promesse de contracter une vente à la vente actuellement contractée. Cette promesse peut consister en une simple proposition non encore acceptée et qui peut être rétractée jusqu'à l'acceptation ; ou bien l'acceptation

---

(1) Paul, Dig., l. 34, § 5, de contr. empt.—Poth., n° 311.

peut suivre la promesse, sans que celui qui accepte s'oblige lui-même à acheter : « faute par le vendeur de réaliser la promesse, « l'acheteur pourra prendre un jugement qui vaudra contrat (1). »
Enfin, il pourra y avoir promesse réciproque de la part des deux personnes qui promettent.

Mais, lorsque la promesse de vente a été faite avec des arrhes, chacun des contractants est maître de s'en départir : celui qui les a données, en les perdant; celui qui les a reçues, en restituant le double. Sauf stipulations contraires, les arrhes forment, en pareil cas, une espèce de contrat accessoire du marché dont elles tendent à assurer l'exécution future, contrat accessoire qui ne peut se stipuler qu'à l'occasion de promesses de ventes ou de ventes synallagmatiques. Les Romains nommaient arrhes une certaine somme ou même un objet, *annulus*, que l'acheteur donnait au vendeur comme signe de contrat; c'était un à-compte sur le prix convenu : *quod sæpe arrhæ nomine pro emptione datur, non eo pertinet, quasi sine arrha conventio nihil perficiat, sed ut evidentius probare possit convenisse de pretio.*

Sous Justinien (*sive in scriptis, sive sine scriptis venditio celebrata est*), les arrhes changent de caractère ; au lieu d'être un signe, elles sont un moyen de dédit (Inst., liv. III, t. 23),

DU PRIX.

La stipulation d'un prix est un élément essentiel de tout contrat de vente, de toute promesse unilatérale de vente : *sine pretio nulla venditio est.*

Le prix doit avoir trois qualités : Il doit être d'une somme d'argent déterminée, ou tout au moins déterminable et sérieux.

---

(1) Pothier, n° 480. — Il n'envisage la promesse de vente que comme contrat unilatéral.

« *Le prix de la vente ne peut être qu'une somme d'argent, ou ce qui*
« *en tient lieu dans l'usage ordinaire des payements. Si le prix est*
« *un autre objet, ce n'est pas une vente, c'est un échange* (1). On a fait
remarquer avec raison que « la monnaie n'est qu'une marchan-
« dise dont la valeur commune suit un cours et varie comme
« celle de tout objet d'échange, et dont l'empreinte publique ne
« fait que garantir la composition et marquer la quantité. »

En second lieu, le prix doit être déterminé et désigné par les deux parties; il ne peut appartenir à l'une d'elles d'en établir seule la fixation. Mais, d'un commun accord, elles ont pu la remettre à l'arbitrage d'un tiers, ou procéder de façon qu'il soit facile d'arriver à cette détermination d'un élément essentiel de la vente, sans qu'il soit cependant permis de suppléer à des moyens insuffisants. A la vérité, les art. 1591, 1592, ne parlent que d'un prix désigné par les parties ou par un tiers; mais il faut bien reconnaître, avec M. Portalis, « que les parties con-
« tractantes peuvent convenir de tels pactes que bon leur semble,
« pourvu que ces pactes ne soient contraires ni à l'ordre public,
« ni aux bonnes mœurs. »

Si le prix ne peut pas être déterminé d'après les moyens indiqués, il n'y a pas vente.

Un temps quelconque doit nécessairement s'écouler entre le moment où le contrat a lieu et celui où les tiers procèdent à l'estimation; dans cet intervalle, la valeur de la chose vendue peut changer : pour fixer cette valeur, il faut se reporter au jour du contrat. Le prix est suffisamment indiqué lorsqu'il est dit qu'une chose est vendue moyennant ce qu'elle a coûté au vendeur, ou pour la somme que l'acheteur a dans sa caisse, ou au prix auquel les voisins vendent la leur.

---

(1) M. Faure, au Tribunat.

Enfin le prix doit être sérieux, c'est-à-dire qu'il ne doit pas être simulé et qu'il doit être en proportion avec la valeur réelle de la chose vendue ; autrement ce serait une donation (art. 918); « *car on appelle prix*, dit M. Portalis, *la somme d'argent qui, com-« parée à la valeur d'une chose, est réputée lui être équivalente.*

Du reste, il ne faut pas confondre le prix dérisoire avec le prix vil (1674).

DES PERSONNES QUI PEUVENT ACHETER OU VENDRE.

Toute personne peut contracter, si elle n'en est pas déclarée incapable par la loi, dit l'art. 1123 : le même principe est reproduit au titre de la Vente par l'art. 1594, qui déclare que tous ceux auxquels la loi ne l'interdit pas peuvent acheter ou vendre (1124-217-33-452-457-513-1576-1667-1476-1812, 444, Code com.). Quels sont donc ceux auxquels la loi interdit le contrat de vente ?

En premier lieu, les époux : entre mari et femme, la capacité de vendre, au lieu d'être le principe, devient l'exception : « On a craint avec raison, disait M. Portalis dans l'exposé des « motifs, l'abus que le mari peut faire de son autorité, et celui « qui aurait sa source dans l'influence que la femme peut se mé-« nager.... » «.... De plus, le mari est le chef de la société con-« jugale ; pourrait-on se promettre que la même personne sût « concilier l'intérêt exclusif et personnel d'un contractant avec « la sage vigilance d'un protecteur ? »

Il faut ajouter que la prohibition de l'art. 1096 eût été trop facilement éludée, et que les époux eussent trouvé dans la vente un moyen facile de soustraire leurs biens à leurs créanciers.

La prohibition n'est cependant pas absolue, et la loi reconnaît qu'il y a des circonstances dans lesquelles il est permis, entre époux, de vendre et d'acheter. Mais il est remarquable que dans ces diverses circonstances, la cession ne peut être l'effet d'une volonté spontanée des époux : il faut qu'il y ait *dette exigible, antérieure;* que la vente soit un moyen de libération, « *fondé sur une juste cause, avec le caractère d'un payement forcé ou d'un acte d'administration.* »

La première exception est celle où les époux étant séparés de biens judiciairement, l'un des époux cède des biens à l'autre pour le remplir de ses droits ; c'est moins une vente qu'une dation en payement.

La seconde exception (qui, à la différence de la première, n'organise pas la réciprocité) est celle qui autorise la cession que le *mari* fait à la *femme*, même non séparée, quand cette cession a une cause légitime. Il n'est question que du cas où le mari vend à la femme ; on conçoit, en effet, que le législateur se soit montré plus facile, lorsque la vente est passée au profit de la femme par le mari, chef de l'association conjugale et plus indépendant par sa position. Il appartient donc aux tribunaux de décider, en fait, si la cession a une cause légitime, telle que le remploi des immeubles aliénés ou de deniers appartenant à la femme, si ces immeubles et deniers n'appartiennent pas à la communauté.

Enfin, la troisième exception est celle où la femme cède des biens à son mari, en payement d'une *somme* (et non d'une dette qu'elle aurait contractée envers son mari, antérieurement au mariage) (1), d'une somme qu'elle se serait constituée en dot, lorsqu'il y a exclusion de communauté. C'est-à-dire régime dotal (1530-1536-1540).

Si, dans les cas où la vente est permise, les époux abusent

---

(1) Cela résulte du rejet d'un amendement au conseil d'État.

de la faculté qui leur est donnée et se font des avantages directs, par exemple en vendant à vil prix, le dernier paragraphe de l'art. 1595 laisse tous leurs droits aux héritiers à réserve des parties contractantes.

De la prohibition d'acheter prononcée contre les tuteurs, mandataires, administrateurs, etc., juges, officiers ministériels, etc.

A Rome, les gouverneurs de provinces ne pouvaient rien acquérir dans l'étendue de leurs gouvernements, pas plus que les magistrats dans le ressort de leurs juridictions. « On voulait « écarter d'eux jusqu'au soupçon de mêler des vues d'intérêt « privé avec les grands intérêts publics confiés à leur solli- « citude. »
Une Novelle de Valentinien adoucit la rigueur de cette législation ; mais en France, les arrêts et les règlements protestèrent et considérèrent que des raisons de sûreté et d'honnêteté publique motivent suffisamment les défenses portées par l'art. 1596. « On n'a pas voulu, disait M. Faure au Tribunat, « mettre l'intérêt aux prises avec le devoir. » S'il était permis au tuteur d'acheter les biens de son pupille, au mandataire, les biens de ses commettants, aux divers agents qui vendent pour le compte d'autrui, ceux des personnes qui les chargent de leurs affaires, l'intérêt ferait baisser le prix, loin de le faire hausser. C'est ce que la loi n'a pu vouloir.
Les ventes faites au mépris de l'art. 1596 seront déclarées nulles, soit qu'elles aient été faites directement aux incapables, soit que les incapables se soient rendus adjudicataires par personnes interposées. Les rapports de parenté qui font présumer l'interposition (911), n'ont pas ici le même effet. Ce ne sont plus des présomptions légales (1353). La nullité ne

pourra être proposée que par ceux dont la loi a voulu défendre les intérêts.

Il est à remarquer que l'art. 1596 ne dit pas un mot des juges et magistrats, que cependant M. Portalis met sur la même ligne d'incapacité que les administrateurs; mais cette omission a été réparée par l'art. 713, Code proc., qui défend aux magistrats du tribunal où se poursuit la vente, de se rendre adjudicataires, à peine de nullité et de dommages-intérêts.

En second lieu, la loi défend à certaines personnes l'achat de droits litigieux, comme elle autorise celui contre lequel on a cédé des droits litigieux, à s'en faire tenir quitte en remboursant le prix de la cession (1699). Ainsi, il y a incapacité absolue pour les juges, tous les magistrats, leurs suppléants, les officiers du ministère public, les officiers ministériels, les défenseurs officieux (1), les notaires, d'acheter des procès, droits et actions litigieux qui sont de la compétence du tribunal près duquel ils exercent leurs fonctions.

Cette prohibition était écrite dans les anciennes ordonnances (2) et dans le droit romain (3). En effet, a dit M. Portalis, « *un juge est établi pour terminer les procès et non pour en « trafiquer.* »... « *Ils ne pourraient être que des adversaires dan-« gereux,* » ajoutait M. Faure.

Si la nullité de l'art. 1596 est relative, celle de 1597, fondée sur des considérations d'ordre public, est absolue et peut être opposée, même d'office, par le ministère public; à moins que le débiteur ne préférât le droit de l'art. 1699.

---

(1) Les avocats ont remplacé les défenseurs officieux (L. du 22 ventôse an XII).
(2) Ord. de 1356 1535, art. 23, 1560 et 1629, art. 94.
(3) L. 1, de extraord. cogn. L. 53, de pactis. L. 6, mand. L. 15, C., de procur.

Des choses qui peuvent être vendues.

En général, tout ce qui peut être employé à l'usage de l'homme est transmissible par le moyen des ventes; mais la nature spéciale de certaines choses, ou l'ordre public, ont fait admettre certaines prohibitions plus ou moins absolues.

Vente de la chose d'autrui. — Pothier, n° 7, d'après la loi 28 D., *de contr. empt.*, décidait que la vente de la chose d'autrui était valable, puisque, pour lui, le contrat de vente ne consistait pas dans la translation de propriété, *but unique de la vente*, d'après le Code. Ce nouveau principe a dû faire proscrire la vente de la chose d'autrui, que l'art. 1599 déclare nulle et *que M. Tronchet trouvait ridicule*. Et il y a lieu à des dommages-intérêts, suivant la bonne ou la mauvaise foi du vendeur et de l'acheteur. Cet article s'applique aussi aux ventes commerciales; mais avec une certaine restriction, quand il est au pouvoir et dans l'intention du vendeur de se procurer l'objet vendu. Il ne s'applique pas aux ventes *in genere*.

Vente des choses futures. — La chose future, même lorsqu'il est incertain si elle existera un jour, peut être l'objet d'une vente (1130). Suivant les circonstances, la vente est aléatoire ou sous condition suspensive. Cependant, toute transaction relative à la succession d'une personne vivante est interdite avec rigueur et par trois articles différents du Code, 791, 1130, 1600. « Il est des choses, dit Pothier, n° 527, qu'il est contre la décence et les bonnes mœurs d'espérer. »

De la vente des choses qui n'existent plus. — Si l'acheteur a payé le prix d'une chose qui était périe en totalité au moment de la vente, il devra, en se fondant sur l'art. 1376, et non en employant la voie d'action en nullité, se faire restituer ce qu'il a payé (1304). La vente n'a pas pu exister : elle n'est pas née viable, il n'est donc pas nécessaire de la faire annuler. Si une partie de la chose seulement est périe, le Code, suivant l'avis de Pothier, décide qu'il est au choix de l'acquéreur d'abandonner la vente et de demander la partie conservée, en en faisant déterminer le prix par ventilation. Il en est de même pour les ventes commerciales, ainsi que l'atteste la discussion au conseil d'Etat.

Loi du 25 juin 1841 sur la vente des marchandises neuves.

C'est le moment de parler d'une importante restriction mise à la vente de certaines choses. Le commerce proprement dit, celui que la loi encourage et protége, ne doit pas avoir recours à la vente publique aux enchères, moyen dangereux quand le marchand l'appelle au secours de son industrie et qui n'est fait que pour des nécessités d'un autre ordre. Le vrai commerce ne doit reposer que sur la liberté et la loyauté des rapports entre l'acheteur et le vendeur.

Un arrêt de règlement du 23 août 1758 avait interdit la mise aux enchères des marchandises neuves. La législation intermédiaire, exagérant le principe de la liberté du commerce, ne fit pas positivement revivre l'arrêt de règlement de 1758, quoique cependant les décrets des 22 novembre 1811, 18 avril 1812 et l'ordonnance du 9 avril 1819 démontrent qu'on ne pouvait vendre que certaines marchandises par le ministère des courtiers. De vives controverses divisaient les tribunaux; et le législateur, pour y mettre fin, a sanctionné, par la loi du 25 juin 1841, la doctrine de la Cour de cassation et a cherché à protéger les véritables intérêts du commerce.

Les réclamations qu'avaient soulevées les ventes aux enchères portaient sur trois points, savoir: la concurrence inégale que font par ce moyen les colporteurs et marchands forains aux marchands établis; l'abus commis par les commissaires-priseurs qui se servent de leur charge pour faire un commerce que la loi leur interdit; enfin les facilités qu'elles offrent pour écouler des marchandises volées ou introduites en contrebande, et pour soustraire, au préjudice des créanciers, tout ou partie de l'actif d'un débiteur sur le point de faillir.

« On conçoit, disait le rapporteur à la chambre des dépu-
« tés (1), la formalité des enchères, en tant qu'elle a pour but de
« faire vendre au plus haut prix possible, ou des objets dont le
« vendeur, en raison de sa situation personnelle, n'a point,
« selon la loi, le pouvoir de fixer et de débattre le prix, ou des
« meubles qui ayant servi ne sont plus marchandises, et n'ont
« plus ni prix courant ni valeur facilement appréciable. »

La loi de 1841 a donc interdit la vente aux enchères des marchandises neuves, avec ou sans l'assistance des officiers ministériels, à moins qu'il ne s'agisse de ventes faites par autorité de justice, ou après décès, faillite, cessation de commerce, autorisation du juge (625-945 Code de procédure, 486 Code de commerce).

L'exposé des motifs dit fort bien « qu'il faut considérer,
« comme marchandises neuves, celles qui font l'objet d'un
« commerce, et non celles qui bien qu'encore neuves ont cessé
« d'être dans le commerce et se trouvent dans les mains d'un
« consommateur. »

L'art. 5 indique les formalités et les conditions que doivent remplir ceux qui pour cause de cessation de commerce ou de nécessité voudront obtenir l'autorisation de vendre aux enchères et en détail les marchandises de leur négoce. L'article donne au tribunal la faculté d'ordonner, suivant les circons-

---

(1) 18 octobre 1840. — *Moniteur* du 20.

tances, que la vente n'aura lieu que par lots dont il fixera l'importance, et de désigner le lieu où il devra y être procédé.

Les tribunaux correctionnels sont chargés de réprimer les infractions faites à cette loi : les marchandises sont confisquées et une amende de 50 à 3,000 francs peut être prononcée, tant contre le vendeur que contre l'officier ministériel qui aura prêté son ministère.

Telle est cette loi que de nombreuses réclamations jointes à l'hésitation de la jurisprudence avaient rendue nécessaire et qui, selon les expressions du garde des sceaux, « est liée aux « besoins du commerce et au maintien de l'ordre public. »

Des obligations du vendeur.

Comme le vendeur est obligé de transférer la propriété à l'acheteur, il s'ensuit qu'il est tenu de faire la délivrance, c'est-à-dire de lever tous les obstacles qui s'opposent à la libre jouissance de l'acheteur et de garantir la chose vendue, pour que l'exercice du droit de propriété ne soit ni troublé ni interrompu.

Une autre obligation est imposée au vendeur : il est tenu d'expliquer clairement ce à quoi il s'engage, sous peine de voir tout pacte obscur et ambigu s'interpréter contre lui ; « parce « qu'il dépendait de lui d'exprimer plus clairement sa volonté, « et que de plus il figure au contrat comme créancier : *quum* « *quæritur in stipulatione quid acti sit ambiguitas contra stipula-* « *torem est.* » (L. 27, D. *de rebus dubiis.*)

De la délivrance.

La délivrance, avait dit Domat avant l'art. 1604, est le transport de la chose vendue en la puissance et possession de l'acheteur, c'est-à-dire la levée des obstacles qui s'opposeraient à sa jouissance présente ou future. Entre les parties la délivrance est nécessaire pour que le droit de propriété que le consentement vient de transmettre puisse s'exercer ; à l'égard des tiers elle rend manifeste cette transmission.

Le déplacement, lorsqu'il s'agit de meubles, constitue la tradition ; c'est la tradition réelle, *traditio vera*. La remise des clefs du bâtiment qui contient les effets vendus, le seul consentement des parties, *la montrée* (1) ou tradition de longue-main, la tradition de brève-main, sont, pour les effets mobiliers, autant de moyens de délivrance ; mais à l'égard des tiers, la tradition vraie produit seule des effets (1141).

L'obligation de délivrer les immeubles est remplie lorsque le vendeur a remis les clefs *et* les titres de propriété.

D'après les art. 1609 et 1347, la délivrance doit se faire au lieu où se trouvait la chose vendue, au temps de la vente, à moins de convention contraire, quand il s'agit de choses certaines et déterminées ; car s'il s'agit de choses qui ne soient déterminées que par leur espèce, c'est au domicile du vendeur que devra se faire la délivrance (1247). Si le vendeur n'accomplit pas ses engagements relatifs au lieu de la délivrance, l'acheteur est dégagé des siens et le contrat peut être résilié (1184), à moins que l'acheteur ne consente au changement, auquel cas il aurait droit à des dommages-intérêts (2), s'il y a pour lui préjudice.

La délivrance doit se faire dans le temps convenu, et, s'il n'y a pas de convention, aussitôt que l'acheteur l'exige, en payant le prix, ou même sans payer le prix, s'il y a terme (1612). Si le terme fixé pour la délivrance est passé, l'acheteur a le choix de

---

(1) Pothier.
(2) Pothier, Oblig., n° 548. — Domat, l. 1, tit. 2, sect. 2, n° 16.

demander, avec des dommages-intérêts, ou la résolution de la vente, après examen de la part des tribunaux (1184, 1244), ou sa mise en possession (1610), après avoir mis le vendeur en demeure par une sommation ou tout autre acte équivalent, à moins de conventions contraires (1139) ou de circonstances spéciales (1146).

L'obligation de délivrer étant corrélative à l'obligation de payer, le vendeur n'est pas tenu de délivrer si l'acheteur ne paye pas, à moins qu'il ne lui ait été accordé un délai. Mais, malgré le délai, si les garanties que le vendeur avait lieu d'attendre de l'acheteur viennent à cesser, s'il y a faillite ou déconfiture, si le vendeur est en danger imminent de perdre le prix, l'obligation de livrer doit nécessairement cesser (1613, 1188).

En quel état la chose doit être délivrée. — L'acheteur est propriétaire du jour du contrat, par conséquent, dès ce moment, la chose s'améliore ou se détériore pour son compte ; il doit la recevoir dans l'état où elle se trouve au moment de la délivrance, car l'art. 1614 ne dit que ceci, à savoir : que le vendeur ne peut par son fait changer l'état où se trouve la chose au moment du contrat (1245).

Le Code ajoute que la chose devra être délivrée avec ses accessoires : « *Toute explication eût été inutile,* disait M. Grenier, « *parce que dans le titre du Code de la distinction des biens, on* « *verra à sa véritable place tout ce qui peut former les accessoires* « *d'un immeuble* » (547 et s.).

Par suite des mêmes principes, les risques de la chose vendue sont à la charge de l'acheteur, à compter du jour même du contrat. Mais le législateur avertit qu'il faut faire ici l'application des principes contenus au titre des Contrats et obligations conventionnelles. Ainsi, le vendeur est tenu de conserver la chose (1136, 1137, 1138, 1245, 1302, 1182, 1147, etc., etc.).

La théorie générale des contrats contraint également celui

qui a contracté une obligation à la remplir d'une manière exacte et complète. Aussi l'art. 1616 ordonne-t-il de délivrer la contenance telle qu'elle a été déclarée au contrat, si l'indication y a trouvé place.

Le manque de contenance a naturellement une influence sur le contrat. Une distinction nécessaire à cet égard forme la base des dispositions de la loi. Ou la vente d'un immeuble a été faite, avec indication de la contenance, à raison de tant la mesure; ou la vente porte seulement sur un corps certain dont la contenance est indiquée, sans qu'il soit dit que les parties aient entendu vendre et acheter respectivement, à raison de tant la mesure. Au premier cas, il a paru juste que le vendeur fût obligé de délivrer à l'acquéreur, s'il l'exigeait, la quantité indiquée au contrat, et que, si cela n'était pas possible au vendeur, ou que si l'acquéreur ne l'exigeait pas, le vendeur fût obligé de souffrir une diminution proportionnelle du prix. « Aucune erreur sur ce point n'est excusable pour le vendeur » (Grenier).

Si, au lieu d'un déficit, il se trouve une contenance plus grande, l'acquéreur a le choix de fournir le supplément de prix ou de se désister du contrat, si l'excédant est d'un vingtième.
« *Il faut remarquer la différence entre l'excédant et le déficit.*
« *Pour l'excédant, l'acquéreur peut se désister du contrat; au*
« *lieu que pour le déficit, cette faculté ne lui est pas accordée.*
« *En effet, l'acquéreur est toujours présumé avoir voulu acheter*
« *moins, et il est incontestable qu'il en a les moyens* » (Grenier).

Si la vente n'a pas été faite avec indication de contenance, à raison de tant la mesure; alors, soit que la vente soit d'un corps certain, soit qu'elle ait pour objet des fonds distincts, l'expression de la mesure ne donne lieu à aucun supplément de prix en faveur du vendeur, ni à aucune diminution en faveur de l'acquéreur pour moindre mesure, qu'autant que la différence de la mesure réelle à celle exprimée au contrat, serait d'un vingtième en plus ou en moins.

De la garantie.

Il ne suffit pas au vendeur de mettre la chose vendue en la possession et puissance de l'acheteur, il faut que les effets de la délivrance soient consacrés, que l'exercice de la propriété soit rendu possible par la garantie qui en assure la durée ; il faut que la possession soit paisible, c'est-à-dire que tous les droits constitutifs de la propriété aient passé sur la tête de l'acheteur ; il faut qu'elle soit utile, c'est-à-dire que l'acheteur puisse tirer de la chose vendue, sans en être empêché par les vices cachés, l'usage qu'il se proposait au moment du contrat. En un mot, comme dit l'art. 1625, la garantie que le vendeur doit à l'acheteur a deux objets : le premier, la possession paisible de la chose vendue, ou garantie de l'éviction, garantie de droit, dit Domat, ainsi appelée parce que le vendeur en est tenu encore que le contrat n'en fasse pas mention, par opposition à la garantie de fait ou des vices rédhibitoires.

De la garantie en cas d'éviction.

La privation de la possession paisible amène l'éviction, c'est-à-dire la perte de tout ou partie des droits de propriété que la vente a dû transmettre, tels que le vendeur les possédait au moment de la vente : une modification dans le droit de propriété, un démembrement par l'exercice d'une servitude (1638), d'un droit d'usufruit, etc. Pour qu'il y ait éviction, l'acheteur n'a pas besoin d'être réellement dépouillé par l'effet d'une condamnation ; il peut être assigné, reconnaître la justesse des prétentions qu'on lui oppose (1640); il peut posséder à un autre titre qu'à celui de propriétaire.

La déclaration faite par le vendeur, lors de la vente, des causes d'éviction ou des charges qui grèvent la chose vendue, le met à l'abri de l'action en garantie. Deux raisons justifient la fin de non-recevoir : la déclaration du vendeur et un avertissement du danger. L'acheteur qui connaît le péril est censé en avoir calculé l'influence.

Mais le vendeur ne peut se soustraire à la garantie résultant de son fait personnel, de son dol passé, présent ou futur. Toute convention contraire est nulle. Cette éviction est celle dont il est le plus juste de lui imposer la responsabilité, car il serait contraire à la bonne foi que le vendeur, qui tire profit de la vente, fît retomber sur l'acheteur ses propres faits, et lui transmît des causes de trouble dont il serait l'auteur.

Tant que le danger de l'éviction n'est pas rendu manifeste par la prétention ou la résistance d'un tiers, il n'y a pas d'action en garantie ; mais lorsque l'acheteur acquiert la connaissance de faits tels qu'il peut prouver qu'il sera évincé, il est fondé à demander la résolution de la vente.

C'est là une profonde différence entre la vente française et la vente romaine. Pothier, écrivant d'après les anciens principes, n'admettait la résolution que pour le vendeur de mauvaise foi.

Dans le contrat de vente, la garantie est de droit ; il n'est besoin d'aucune stipulation pour l'établir, puisque le vendeur doit transporter la chose en la possession et puissance de l'acheteur. Mais elle n'est que naturelle au contrat, puisque les parties peuvent, par des conventions particulières, ajouter à cette obligation ou en diminuer l'effet, et même convenir que le vendeur ne sera soumis à aucune garantie (1627). Il n'y a de garantie essentielle que celle des faits personnels du vendeur, comme nous l'avons vu..« Il serait contre toute raison, disait M. Faure

« au Tribunat, de présumer que l'acquéreur a bien voulu per-
« mettre au vendeur de le tromper impunément. »

Lorsque l'acheteur a voulu acheter à ses risques et périls, *ou* lorsqu'il a connu au moment de la vente le danger de l'éviction, *et* que le vendeur a stipulé la non-garantie et qu'il y a éviction, il n'y a pas de recours contre le vendeur.

L'acheteur évincé a droit à la restitution du prix et à des dommages-intérêts. Si la non-garantie a été stipulée, le vendeur n'est pas tenu des dommages-intérêts ; mais il doit la restitution du prix ; car, dit Pothier : « Le vendeur se trouverait avoir ce prix sans cause. » Pour faire cesser l'obligation de restituer le prix, la stipulation de non-garantie ne suffit pas, à moins que l'acquéreur n'ait connu, lors de la vente, le danger de l'éviction, *ou* qu'il n'ait acheté à ses risques et périls. L'article 1629 met ainsi fin à une discussion qui divisait les anciens jurisconsultes.

Des effets de la garantie en cas d'éviction totale.

Lorsque l'acheteur a subi l'éviction et que rien ne modifie l'obligation de garantie imposée au vendeur, celui-ci est tenu de restituer : 1° le prix, soit que la chose vendue ait diminué de valeur, soit qu'elle ait été détériorée par la négligence de l'acheteur ou par des accidents de force majeure (1) ; 2° les fruits, si l'acheteur est obligé de les rendre au propriétaire qui l'évince ; ce qui ne peut avoir lieu qu'à compter du jour où l'acheteur a connu le vice de son titre ; 3° les frais faits sur la demande originaire et sur la demande en garantie ; 4° les frais et loyaux coûts du contrat ; et 5° enfin, les dommages-intérêts

---

(1) « A moins que l'acquéreur n'ait tiré profit des dégradations par lui faites, notamment en vendant les matériaux » (M. Faure au Tribunat).

qui seront plus ou moins importants, suivant la bonne ou la mauvaise foi du vendeur.

Voilà pour les règles générales; les règles spéciales nous apprennent que si, par l'effet d'une cause quelconque, la chose vendue a, au moment de l'éviction, une valeur supérieure au prix de la vente, la différence entre la valeur actuelle et le prix étant un gain dont l'acheteur est privé, elle doit lui être payée par le vendeur.

Quant aux dépenses, celles qui ne sont pas charges des fruits devront être remboursées à l'acheteur, alors même qu'il n'en serait résulté pour le fonds aucune augmentation de valeur, si elles sont nécessaires. Si les dépenses ne sont qu'utiles, c'est le prix de la plus-value, inférieur ou supérieur aux dépenses, que doit l'acheteur. Enfin, si elles sont voluptuaires, le vendeur n'en est tenu que lorsqu'il a vendu de mauvaise foi le fonds d'autrui.

Effets de la garantie en cas d'éviction partielle.

L'éviction partielle a lieu de deux manières : par la privation d'une portion de la chose vendue, quand elle est telle que l'acquéreur n'eût pas acheté sans la partie dont il est évincé; ou par l'exercice d'un droit réel, notamment d'un droit de servitude sur cette chose. Il y a alors lieu à résiliation lorsque, nonobstant l'éviction partielle, la vente est maintenue ; la portion dont l'acheteur se trouve évincé est estimée d'après son état et sa valeur à l'époque de l'éviction et non proportionnellement au prix total de la vente, soit que la chose ait augmenté ou diminué de valeur, et le montant de cette estimation est remboursé à l'acheteur. Cette décision semble en contradiction avec les articles 1630, 1631, 1633, et l'opinion de Pothier, n°s 142, 144, qui cite la loi 13, *de evict.* : « *Bonitatis œstimatio-*

nem faciendam quum pars evinceretur, Proculus recte putabat quæ fuisset venditionis tempore non quum evinceretur. »

De la garantie des vices rédhibitoires.

Après avoir protégé la possession de l'acheteur, le législateur lui assure une possession utile et propre à remplir le but qu'il s'est proposé, en imposant au vendeur la garantie des vices rédhibitoires, c'est-à-dire de ces défauts cachés existant à l'époque de la vente et qui rendent la chose impropre à l'usage auquel on la destine, ou qui en diminuent tellement l'usage, que l'acheteur ne l'aurait pas acquise ou n'en aurait donné qu'un moindre prix s'il les avait connus. Si les défauts sont apparents, l'acheteur les a connus ou a pu les connaître ; dès lors il est non recevable à demander la résolution d'un contrat qu'il a formé, voyant les défauts de la chose ou ayant à s'imputer de ne les avoir pas vus. La garantie des vices rédhibitoires est due aussi bien dans les ventes d'immeubles que dans les ventes de meubles. Le droit romain (1) et l'ancienne jurisprudence (2) n'en faisaient aucun doute, et les dispositions du Code Nap. sont conçues en termes généraux qui ne permettent, ce semble, aucune restriction.

D'après le Code Nap. (3), l'existence des vices rédhibitoires donne lieu à deux actions entre lesquelles on peut choisir : l'action rédhibitoire proprement dite (*redhibere*, dit Ulpien, l, 21, Dig., *de æd. edict.*, *est facere ut rursus habeat venditor quod habuerit ; et quia reddendo id fiebat idcirco redhibitio est appellata quasi redditio*) et l'action *quanti minoris* ou en diminution

---

(1) L. 4, 9, 61, de ædil. edict.
(2) Pothier, n° 217.
(3) V. loi de 1838, *infra*.

de prix. Ces actions sont soumises par le Code à une prescription spéciale; il n'a pas voulu sacrifier les habitudes nées des besoins spéciaux dans chaque localité. A défaut de règle constante, le délai doit être bref et la prudence des juges, a dit M. Faure au Tribunat, doit suppléer au silence de la coutume. L'action résultant des vices rédhibitoires n'a pas lieu dans les ventes faites par autorité de justice. Le Code est en cela d'accord avec l'ancienne jurisprudence : la chose est alors vendue sur l'exposition qui en est faite publiquement ; il n'y a pas de fraude possible de la part du vendeur (M. Faure). Il est rare que les choses ainsi vendues soient portées à leur juste prix ; l'acheteur a donc moins à se plaindre d'une diminution de valeur ; enfin, ces ventes donnant lieu à des frais considérables, il y aurait grand inconvénient à les annuler. Les ventes volontaires, quoique faites avec les formalités judiciaires, ne sont pas comprises dans l'exception que l'art. 1649 a établie.

Par l'effet de l'action rédhibitoire, le contrat est résolu : *Facta redhibitione, omnia in integrum restituuntur, perinde acsi neque venditio intercesserit* (l. 60, *de œd. edict.*). Par conséquent, le vendeur doit restituer le prix, avec les intérêts du jour de la vente, ainsi que les frais ; l'acheteur doit rendre la chose et les fruits. Si le vendeur a connu les vices, il est tenu, en outre, de tous les dommages envers l'acheteur. Par l'action *quanti minoris* ou *œstimatoria*, le contrat n'est pas résolu, il n'est que modifié ; l'acheteur garde la chose ; mais le vendeur doit rendre une partie du prix, d'après l'estimation, par des experts, de la moins-value résultant de l'existence des vices rédhibitoires. Pothier, nº 233 : « L'édit des édiles précise les obligations du « vendeur, et les commentaires des jurisconsultes sur cette « partie de l'édit sont une triste revue des innombrables infir« mités qui peuvent affliger l'homme (*mancipia*) et les animaux, « Il fut étendu ensuite à toute espèce de choses. »

Innovations introduites par la loi du 20 mai 1838.

La loi de 1838 a eu pour but de combler une lacune et de prévenir de nombreuses contestations auxquelles le Code Nap. avait donné lieu. Elle a précisé (à l'exemple de l'édit des édiles) les vices rédhibitoires dont elle a fait des nomenclatures ; elle ne s'applique qu'à certaines races d'animaux ; et enfin, elle a limité d'une manière uniforme le délai pendant lequel l'action pourra être intentée. M. Lherbette disait dans son rapport à la Chambre des députés (1) : « Elle n'a trait qu'à la détermination
« des cas rédhibitoires, des délais et de quelques formes abré-
« viatives et économiques de procédure : elle ne déroge à aucun
« des autres points du Code civil. »

Enfin, pour les trois races d'animaux qu'elle désigne, elle supprime l'action *œstimatoria*. M. Lherbette ajoutait : « L'action
« estimatoire, juste dans la vente des choses inanimées, ne
« l'est pas dans celles d'animaux. Le vendeur a pu connaître
« plus facilement les vices des premières, et plus de droits
« doivent être concédés contre lui à l'acquéreur.... Mais, à l'é-
« gard des animaux, les vices, souvent difficiles à connaître,
« ont pu être ignorés du vendeur ; le prix est parfois idéal, la
« conservation onéreuse. Les premières raisons rendent l'action
« rédhibitoire moins équitable ; les dernières font que le ven-
« deur peut être amené plus facilement à composition par un
« acheteur de mauvaise foi et forcé de laisser pour un prix in-
« férieur l'animal dont il peut faire cas, pour des qualités qu'on
« n'appréciera pas dans l'estimation : cette action serait sou-
« vent plus funeste au vendeur que l'action rédhibitoire elle-
« même. »

---

(1) Séance du 24 avril 1836; *Moniteur* du 25. — Exposé des Motifs, par le ministre du comm., 15 janvier 1836.—*Moniteur* du 16.

De la procédure en matière de garantie.

On ne saurait parler de la garantie, en matière de rente, sans dire quelques mots de la procédure qui sert à l'organiser. Il y a deux sortes de garanties : la garantie *incidente*, exercée dans le cours d'un procès ; et la garantie *principale*, indépendante de tout procès.

La garantie fait naître en procédure une exception dilatoire ; car le droit d'appeler garant est une des prérogatives de la défense ou même de la demande. En attribuant à l'exception de garantie la force d'arrêter le cours de la demande originaire, le législateur a été mû par la raison et l'équité : l'ordre public en effet, est intéressé à ce qu'une même cause reçoive une même décision.

Par rapport au garant et au sous-garant, une règle domine la matière, exception à la règle : *actor sequitur forum rei* ; le tribunal saisi de la demande originaire est compétent pour statuer sur celle en garantie. « Si la garantie, disait M. Cambacérès,
« avait le droit de faire appeler l'individu qu'il a assigné, on
« ne pourra pas passer outre ; s'il est jugé qu'il n'en a pas le
« droit, son assignation en garantie n'arrêtera pas la marche
« de la procédure. »

La demande en garantie est nécessairement dispensée du préliminaire de conciliation. Elle est formée, quand le garant ne figure pas dans la cause, par exploit en tête duquel il est donné copie tant de la demande principale que des pièces à l'appui du recours en garantie (65-61, Code pr.). Lorsque le garant est une des parties en cause, il suffit d'une simple requête.

Les délais sont clairement indiqués par le Code. L'art. 178 dispose « qu'il n'y aura pas d'autre délai, en quelque matière

« que ce soit, même pour une *cause privilégiée.* » Ces derniers mots font allusion à l'art. 7, tit. 35, de l'ordonnance de 1667, qui accordait des prorogations de délai aux corporations, aux églises, aux communautés.

En matière commerciale et pour les causes qui sont de la compétence des juges de paix, la loi n'a pas fixé de délai. Cette fixation est abandonnée à la prudence du juge.

Le garanti qui ne met pas en cause son garant dans le délai fixé, est sans doute imprudent, mais il conserve le droit de poursuivre son garant, il peut l'exercer par une instance séparée de la première. Mais cette poursuite ne doit pas retarder le jugement de la demande principale.

Les effets de la garantie varient selon la nature de la garantie. En cas de garantie formelle, le défendeur principal ne doit rien personnellement au demandeur : c'est uniquement parce que l'immeuble revendiqué ou à l'occasion duquel s'engage le litige, se trouve entre ses mains, qu'il est actionné. Mais en cas de garantie simple, le défendeur principal est toujours enchaîné vis-à-vis du demandeur par un fait ou par une promesse; dès lors sa présence est obligatoire au procès; c'est ce qui explique la différence de l'art. 182 et de l'art. 183. La mise hors de cause, quand elle pourra être requise, devra l'être *avant le premier jugement.* L'ordonnance de 1669 (tit. 8, art. 9), disait : *avant la contestation en cause*, ce qui donnait lieu à de nombreuses difficultés. Le défendeur mis hors de cause peut y assister pour la conservation de ses droits; il devient alors ce que Pothier appelle une partie *regardante* (1).

L'instance en garantie se joint naturellement à la demande principale; mais si la demande principale est disposée à rece-

---

(1) Pothier, proc., ch. 2, sect. 6, art. 2, § 3.

voir un jugement avant la demande en garantie, le demandeur principal ne doit pas être obligé d'attendre que l'instruction de la demande en garantie se complète.

Des obligations de l'acheteur.

La principale obligation de l'acheteur, c'est celle de payer le prix, au jour et au lieu réglé par le contrat, ou, à défaut de convention sur ce point, au lieu et dans le temps où doit se faire la délivrance. Rien n'est plus naturel, mais si une clause expresse a accordé un délai, les mêmes raisons ne subsistent plus puisque la délivrance est accomplie; alors on suit les dispositions de l'art. 1247.

Le prix doit nécessairement consister en argent; le mot *prix* comprend : la somme principale; les prestations en nature et autres ajoutées pour maintenir l'égalité et tous les accessoires quelconques. En général, ce prix n'est pas productif d'intérêts, il n'en est dû par l'acheteur que lorsque cela a été convenu, lorsque la chose vendue et livrée produit des fruits ou autres revenus (par cela seul que l'acheteur a eu la faculté de les recevoir) et enfin lorsque l'acheteur a été sommé de payer (1652-1153).

L'éviction qui survient après la vente consommée oblige le vendeur à restituer le prix. Si avant le payement le danger de l'éviction se manifeste, l'acheteur conserve le prix entre ses mains; et cela quand il a seulement juste sujet de craindre d'être troublé. L'art. 1653 est introductif de droit nouveau (1). Mieux vaut laisser l'exécution du contrat quelque temps suspendue que d'exposer le vendeur aux chances d'une demande

---

(1) Pothier, n° 283.

en restitution de prix. Seulement le vendeur peut demander à fournir caution, à moins que l'acheteur ne remplisse les formalités de la purge (1251, 2166, 2181).

Par application du principe de l'art. 1184, si l'acheteur ne paye pas le prix, le vendeur peut demander la résolution du contrat; à lui seul appartient ce droit. Ainsi il a un privilége sur la chose vendue (2103); il a l'action en revendication (2103, n° 4), Code Pr. 826 (Code de comm. 576), et enfin il a le droit de résolution.

En droit romain et dans les pays de droit écrit, pour que l'action résolutoire pût avoir lieu, il fallait joindre au contrat le pacte commissoire.

L'acheteur a encore une obligation : il doit retirer la chose vendue au terme fixé par la convention et immédiatement après la vente, si aucun terme n'a été fixé.

DE L'ÉCHANGE.

M. Bigot-Préameneu disait au Corps législatif : « Le plus an-
« cien des contrats est l'échange... et la multiplicité toujours
« croissante de ces contrats a fait chercher les moyens de les
« rendre plus faciles; telle a été l'origine des monnaies. »

De l'échange qui est un contrat par lequel les parties se donnent respectivement une chose en nature pour une autre, est née la vente, qui n'est qu'un « échange perfectionné » (1).

En droit romain les différences entre l'échange et la vente étaient fort graves ; en droit français, si ces deux contrats se ressemblent beaucoup (1703, 1704, 1707), ils sont cependant séparés sur une ligne de démarcation assez profonde. Voyons d'abord les points de contact : l'échange est un contrat consen-

---

(1) M. Faure au Tribunat.

suel synallamatique, ayant le pouvoir de transférer la propriété, et dans lequel la condition résolutoire est sous-entendue ; enfin les obligations de garantir et toutes les obligations qui découlent de la bonne foi sont communes à l'échange et à la vente.

Les différences sont faciles à préciser : dans le contrat de vente, il n'y a qu'une chose vendue et qu'un seul prix ; il n'y a, par conséquent, qu'un vendeur et qu'un acheteur. Dans l'échange, chacune des deux choses est à la fois la chose et le prix, et l'on ne peut distinguer le prix de la chose ; chacun des deux contractants est en même temps vendeur et acheteur. L'obligation de garantie est réciproque ; la rescision n'a pas lieu pour cause de lésion ; enfin dans l'échange, les deux équivalents sont des choses en nature. *Differentia inter permutationem et emptionem : emptio fit pretio, permutatio fit rebus* (1).

Un effet bien remarquable de l'échange c'est que la chose reçue à la place de celle qu'on a donnée lui est subrogée de plein droit et se revêt de toutes ses qualités extrinsèques (1407-1559).

Lorsque l'échange est consommé par la volonté des parties, il doit s'exécuter par la délivrance réciproque des deux choses promises : c'est la délivrance de la propriété pleine et entière de la vente, en la *possession* et *puissance* de chacune des deux parties. « Si une chose est donnée à titre d'échange, disait « M. Faure, par celui qui n'en est pas le propriétaire, la partie « qui l'a reçue n'est pas obligée de livrer l'objet promis en « contre-échange. En effet, les parties n'ont contracté que pour « acquérir l'une et l'autre la propriété de ce qu'elles se don- « neraient respectivement et non pas pour acquérir une simple « possession. » Si l'un des copermutants vient à être évincé en

---

(1) L. 7, au Code, de rerum permutat ; Cujas.

vertu d'une cause antérieure au contrat, il a le choix de conclure à des dommages-intérêts représentant la valeur de la chose qui lui est arrachée, ou bien de répéter celle qu'il a livrée (1705-1707-1630-1184.)

La rescision pour cause de lésion est admise dans le contrat de vente d'immeubles en faveur du vendeur, elle n'est pas admise pour l'échange. Dans la vente, « il a fallu maintenir une
« règle dictée par des sentiments d'humanité ; c'était le moyen
« d'empêcher que la cupidité n'abusât du besoin qui le plus
« souvent force les vendeurs à des aliénations. Ce genre de ré-
« clamation n'est pas admis au profit de l'acheteur ; c'est tou-
« jours volontairement qu'il contracte. Les motifs qui ont fait
« rejeter à l'égard de l'acheteur l'action en rescision, l'ont fait
« aussi exclure dans le contrat d'échange : il est l'effet de la
« volonté libre et de la convenance des copermutants; chacun
« d'eux est d'ailleurs vendeur et acquéreur (1).

Dans l'ancienne jurisprudence, Pothier enseignait une règle contraire; il voulait que l'échange donnât lieu à l'action en rescision, et la jurisprudence inclinait vers cette opinion qui n'était cependant pas universelle (2).

Du reste toutes les règles prescrites pour le contrat de vente et qui n'ont pas trouvé place dans le présent chapitre, s'appliquent à l'échange. Ainsi les règles de la bonne foi, celles sur les qualités des choses vendues, sur les clauses relatives à la contenance, sur la chose d'autrui, sur la nomination des experts (1592), le lieu et le temps de la délivrance, la garantie, les risques, les promesses, les frais, sont communes à l'échange et à la vente.

---

(1) M. Bigot-Préameneu.
(2) Pothier, Vente, n° 627.

POSITIONS.

I. Les art. 1699 et 1653 doivent-ils être conciliés? — Oui.

II. Lorsqu'on a vendu des denrées à tant la mesure, à prendre dans une masse déterminée, la propriété passe-t-elle immédiatement à l'acheteur? — Non.

III. En général, dans la vente, pour savoir sur qui tombe la perte totale par cas fortuit de la chose vendue, faut-il examiner qui en avait la propriété? — Oui.

IV. Dans le cas d'une vente faite avec des arrhes, et quand il y a doute doit-on considérer les arrhes comme signe du contrat? — Oui.

V. La donation simulée sous forme de vente est-elle nulle ou seulement réductible? — Réductible.

VI. L'acheteur peut-il demander la nullité, lorsque le vendeur est devenu, postérieurement à la vente, propriétaire de la chose vendue? — Non.

VII. Lorsque l'acheteur a été mis en demeure par une sommation, peut-il offrir le prix au vendeur, tant que la résolution n'est pas prononcée? — Non.

VIII. Dans le cas de communauté, la femme peut-elle se rendre adjudicataire d'un immeuble saisi sur son mari? — Oui.

IX. Un second acheteur peut-il exercer son action en garantie *omisso medio*, contre le vendeur primitif? — Oui.

X. Le donataire d'un immeuble acheté a-t-il recours contre le vendeur, quand il est évincé ? — Oui.

XI. Un fonctionnaire public peut-il vendre sa démission, en ce sens que l'avantage d'une démission puisse être l'objet d'un engagement licite ? — Non.

XII. L'art. 1657 est-il applicable aux ventes commerciales ? — Oui.

Vu par le Président de la thèse,
ORTOLAN

Vu par le Doyen,
C.-A. PELLAT.

www.ingramcontent.com/pod-product-compliance
Lightning Source LLC
Chambersburg PA
CBHW060501050426
42451CB00009B/766